MUSÉE INDUSTRIEL,

AGRICOLE ET ARTISTIQUE,

OU

DESCRIPTION DE L'EXPOSITION

FAITE A PARIS EN 1849

(11e EXPOSITION),

Publié par une Société d'Ingénieurs, d'Agronomes, d'Artistes et de Manufacturiers,

Destiné à compléter les statistiques françaises

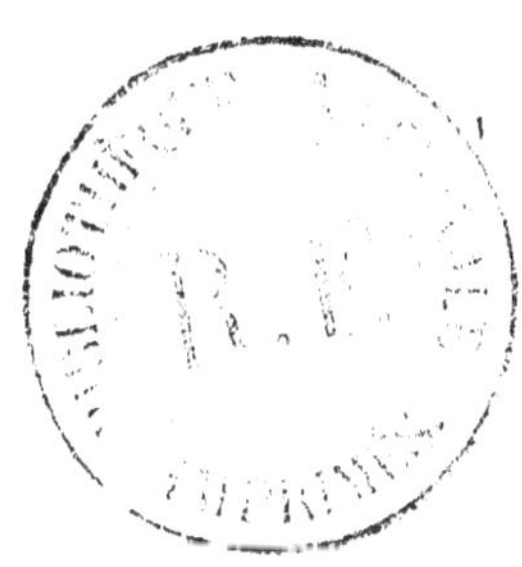

Tome 1er.

PARIS,

AU BUREAU DE L'ADMINISTRATION, RUE CAUMARTIN, 26,

CHEZ J. RENOUARD, LIBR.-ÉDITEUR, RUE DE TOURNON, 6;

Et chez tous les Libraires de Paris et des départements,

A Londres, M. BOSSANGE; à S.-Pétersbourg, M. BELLIZARD.

1849

MUSÉE INDUSTRIEL,

AGRICOLE ET ARTISTIQUE,

OU

DESCRIPTION DE L'EXPOSITION

FAITE A PARIS EN 1849.

PROSPECTUS.

Notre premier but est de donner une description complète de l'Exposition, c'est-à-dire de consacrer un article à chaque Exposant, qu'il ait reçu ou non une récompense du Jury. C'est une lacune essentielle, à remplir, et que le procès-verbal du Jury laisse exister pour à peu près un tiers ou un quart des Exposants.

Le deuxième, c'est de joindre des planches gravées représentant le choix des objets les plus remarquables, les plus utiles et les plus curieux de l'Exposition.

Chacun sera jugé selon ses œuvres et d'après les documents fournis par les procès-verbaux du Jury des départements, par les mémoires rédigés par les Exposants, mais contrôlés et vérifiés pour les faits énoncés. Un comité des collaborateurs intéressés à n'admettre que les faits vrais et saillants est choisi à cet effet.

Il est difficile, d'avance, de fixer ce que la rédaction fournira de volumes ; mais, quelle que soit l'étendue de l'ouvrage, la souscription sera :

Pour Paris, de.	20 fr.
Pour les départements, de. . .	25
Pour l'étranger, de	30

Le tout envoyé *franco* et payé d'avance.

Tous les Exposants sont intéressés à paraître dans cette Revue, qui mettra à même le Jury de connaître tout ce qui peut faire apprécier les produits exposés, les antécédents de chaque industriel. On rappellera les médailles déjà obtenues par eux.

On les engage à envoyer dans le plus court délai (et *franco*) les notices, les gravures ou lithographies, dont ils peuvent être possesseurs.

Tous les frais de gravures ou de lithographies qui seront reproduites sont à la charge de l'entreprise.

Cette Description, ainsi que les noms qui l'accompagnent, sera lue par plus de 30 mille lecteurs, et une grande publicité lui est déjà assurée.

Tout souscripteur a droit à un article plus ou moins étendu.

Il suffit de jeter à la poste (*en affranchissant*) l'engagement ci-joint.

ACTES OFFICIELS.

Rapport de M. L. Buffet, *ministre de l'agriculture et du commerce, au président de la République.*

Paris, le 14 janvier 1849.

Monsieur le Président,

Une loi adoptée par l'Assemblée nationale, le 22 novembre dernier, a ouvert à mon département un crédit de 600,000 fr., destiné à subvenir aux dépenses de l'exposition nationale des produits de l'industrie agricole et manufacturière en 1849.

Toutes les mesures ont été immédiatement prises pour la construction des bâtiments dans le grand carré des jeux aux Champs-Elysées. Les travaux se poursuivent avec rapidité et seront terminés dans le courant du mois de mai prochain. Les constructions ont été combinées de manière à permettre d'exposer, pour la première fois, les produits de l'industrie agricole à côté de ceux de l'industrie manufacturière.

Il reste aujourd'hui à fixer le jour de l'ouverture de cette exposition, à pourvoir à la formation des commissions départementales chargées de prononcer l'admission ou le rejet des produits, et à celle du jury central qui doit apprécier les titres des exposants aux récompenses décernées par le gouvernement.

Tel est l'objet de l'arrêté ci-joint, que j'ai l'honneur, Monsieur le Président, de soumettre à votre signature. Les dispositions vous en paraîtront, j'espère, fondées sur l'expérience du passé et sur le sentiment des besoins actuels.

Vous savez que dix expositions se sont succédé

à dater l'an VI. J'ai fait dresser le tableau suivant, pour vous mettre mieux à même d'apprécier le développement de cette institution.

Nos d'ordre.	Ouvertures.		Jours.	Lieu de l'exposition.	Nombre	
	Jours et mois.	Années.			des exposants.	des récompenses.
1	3 derniers jours complémentaires. . . .	1798 (an 6).	3	Champ-de-Mars. . .	110	23
2	5 jours complémentaires.	1801 (an 9).	6	Louvre.	229	80
3	Idem	1802 (an 10).	7	Idem	540	254
4	Idem	1806.	24	Esplanade des Invalides	1,422	610
5	25 août et suivants.	1819.	35	Louvre	1,662	869
6	Idem	1823.	50	Idem	1,642	1,091
7	1er août.	1827.	62	Idem	1,695	1,254
8	1er mai	1834.	60	Place de la Concorde.	2,447	1,785
9	Idem	1839.	60	Champs-Elysées. . .	3,281	2,305
10	Idem	1844.	60	Idem	3,960	3,253

Comme vous pouvez en juger, Monsieur le Président, en jetant les yeux sur le tableau qui précède, l'époque d'ouverture des expositions antérieures avait été déterminée par des considérations étrangères au but même de l'institution. Cette année, mon département a voulu recueillir les vœux de l'industrie et du commerce avant de vous proposer une décision à ce sujet. Les chambres consultatives des arts et manufactures et les chambres de commerce ont été appelées à donner leur avis sur l'époque de l'année qui convenait le mieux aux intérêts qu'elles représentent. C'est après avoir soigneusement consulté leurs délibérations, et cherché à concilier toutes les exigences, que je crois devoir vous proposer, dans l'article 1er de l'arrêté précité, de fixer l'ouverture de l'exposition de 1849 au 1er juin prochain.

L'article 2 porte, conformément à l'usage adopté jusqu'à ce jour, qu'une commission nommée par le préfet, dans chaque département, statuera sur l'admission ou le rejet des produits présentés pour l'exposition ; mais il ajoute que la commission aura en outre à signaler, dans un rapport écrit, les services rendus à l'agriculture ou à l'industrie par des chefs d'exploitation, des contre-maîtres, des ouvriers ou journaliers. C'est là une innovation dont vous ne pouvez manquer d'approuver la pensée, car elle a pour but de faire participer aux récompenses nationales tous les agents qui concourent à la production agricole ou manufacturière.

Le jury central conserve ses anciennes attributions; il examine les produits exposés, et il rédige un rapport d'après lequel des récompenses sont accordées soit aux exposants, soit aux chefs d'exploitation, contre-maîtres ou ouvriers signalés par les commissions départementales. L'article 61 de la Constitution chargeant le Président de la République de présider aux solennités nationales, c'est à vous qu'il appartiendra de décerner des récompenses à ceux qui les auront méritées. Ils y trouveront la juste rémunération des travaux accomplis et un stimulant efficace à de nouveaux efforts.

Ainsi, en élargissant encore la sphère de l'institution, l'arrêté ci-joint lui conserve le caractère d'un des plus nobles et des plus féconds encouragements donnés à l'industrie nationale.

Veuillez agréer, etc.

Arrêté du Président de la République.

Paris, le 18 janvier 1849.

Le Président de la République,

Sur le rapport du Ministre de l'agriculture et du commerce;

Vu la loi du 22 novembre dernier, qui ouvre au ministère de l'agriculture et du commerce un crédit de 600,000 fr., destiné à subvenir aux dépenses de l'exposition des produits de l'industrie en 1849 ;

Arrête ce qui suit :

Art. 1er. — Une exposition des produits agricoles et industriels s'ouvrira à Paris, dans le grand carré des jeux aux Champs-Elysées, le 1er juin 1849, et sera close le 31 juillet suivant.

2. — Dans chaque département, une commission, nommée par le préfet, statuera sur l'admission ou le rejet des produits proposés pour figurer à l'exposition. Ce jury aura, en outre, pour mission de signaler, dans un rapport écrit, les services rendus à l'agriculture ou à l'industrie par des chefs d'exploitation, des contre-maîtres, des ouvriers ou journaliers.

Art. 3. — Les produits dont l'admission aura été prononcée seront expédiés du chef-lieu du département à Paris, et réexpédiés de Paris au chef-lieu du département, aux frais de l'Etat ; le département de la Seine est excepté du bénéfice de cette disposition.

Art. 4. — Un jury central, nommé par le Ministre de l'agriculture et du commerce, sera chargé d'apprécier le mérite des produits exposés et les titres des chefs d'exploitation, contremaîtres ou ouvriers, pour la distribution des récompenses.

Le rapport du jury central sera transmis au ministre de l'agriculture et du commerce, et les récompenses seront décernées à ceux qui les auront méritées, par le Président de la République, qui, aux termes de l'article 61 de la Constitution, préside aux solennités nationales.

Art. 5. — Le Ministre de l'agriculture et du

commerce est chargé de l'exécution du présent arrêté.

Signé L.-N. BONAPARTE.

Liste du jury central.

(Arrêtés des 24 et 29 avril 1849.)

MM.

Arago, membre de l'Académie des sciences, représentant du peuple.

Arlès-Dufour, négociant à Lyon.

Aubry-Febvrel (Félix), fabricant.

Barbet, ancien manufacturier.

Blanqui, professeur au Conservatoire national des arts et métiers.

Bougon, ancien directeur de la manufacture de porcelaine de Chantilly.

Chevalier (Michel), ingénieur en chef des mines.

Chevreul, membre de l'Académie des sciences, directeur des teintures à la Manufacture nationale des Gobelins.

Combes, membre de l'Académie des sciences.

De Croix, éleveur.

De Dampierre, représentant du peuple.

Didot (Firmin), imprimeur.

Dolfus, représentant du peuple.

Dufaud (Achille), de Fourchambault.

Dumas, membre de l'Académie des sciences.

Dumas, ancien fabricant.

Duperrier, manufacturier, membre du conseil général de la Seine.

Dupin (Charles), membre de l'Académie des sciences.

Durand (Amédée), membre de la Société d'encouragement.

Ebelmen, directeur de la Manufacture nationale de porcelaine de Sèvres.

Féray, manufacturier à Essonne.

Feuchère (Léon), architecte.

Fontaine, architecte.

Fouquier-d'Hérouel, membre du conseil général de l'Aisne.

Froment, fabricant d'instrument de précision.

Gaussen, fabricant de châles.

Geoffroy de Villeneuve, directeur du haras départemental de l'Aisne.

Germain-Thibault, fabricant, membre du conseil général du département de la Seine.

Julien (Amable), représentant du peuple.

Goldenberg, manufacturier au Zornhoff.

Grandin (Victor), représentant du peuple.

Héricart de Thury, membre de l'Académie des sciences.

Hervé de Kergorlay, membre de la Société nationale et centrale d'agriculture.

Keittinger-Turgis, manufacturier, membre du conseil général de la Seine-inférieure.

Laborde (Léon de), membre de l'Académie des beaux-arts.

Lainel, inspecteur des manufactures pour le ministère de la guerre.

Lechatellier, ingénieur des mines.

Leclerc (Louis), membre de la Société d'horticulture.

Legentil, président de la chambre de commerce de Paris.

Mary, inspecteur divisionnaire des ponts et chaussées, professeur à l'école centrale des arts et manufactures.

Mathieu, représentant, membre de l'académie des sciences.

Mimerel, ancien manufacturier, président du conseil général des manufactures.

Mimerel, ingénieur de la marine.

Moll, professeur d'agriculture au Conservatoire national des arts et métiers.

Morin (Arthur), professeur de mécanique au Conservatoire national des arts et métiers.

Payen, professeur de chimie appliquée aux arts, au Conservatoire national des arts et métiers.

Peligot, professeur de chimie au Conservatoire national des arts et métiers.

Peupin, représentant du peuple.

Pouillet, professeur de physique au Conservatoire national des arts et métiers.

Randoing, manufacturier à Abbeville.

Roux-Carbonnel, représentant du peuple.

Sainte-Marie, inspecteur général de l'agriculture.

Sallandrouze-Lamornaix, fabricant de tapis.

Sieber, associé de la maison Paturle-Lupin.

Séguier (Armand), membre de l'Académie des sciences et du comité consultatif des arts et manufactures.

Tourret, réprésentant du peuple.

Villemorin (Louis), membre de la société d'agriculture.

Wolowski, professeur au Conservatoire national des arts et métiers.

Yvart, inspecteur général des écoles vétérinaires.

Avis aux exposants agricoles.

Par suite de l'arrivée tardive des avis des commissions départementales, l'exposition des animaux ne pourra pas avoir lieu immédiatement.

Le public est prévenu que cette exposition commencera le 17 juin et se terminera le 30. Dans le cas où de nouvelles demandes se produiraient, une seconde exposition pourrait être faite du 30 juin au 14 juillet.

L'administration avertit MM. les agriculteurs dont les produits n'auraient pas été antérieurement admis par les jurys départementaux qu'ils peuvent, dès à présent, adresser leurs demandes d'inscriptions au ministère de l'agriculture et du commerce, division du commerce intérieur.

Pour que les animaux soient admis à l'exposition du 17 juin, MM. les agriculteurs devront adresser leurs demandes avant le 10 juin, terme de rigueur, en ayant soin de spécifier la nature et l'âge des animaux qu'ils se proposent d'exhiber et la manière dont ils comptent les faire voyager.

Pour l'exposition du 30 juin, ils pourront se faire, de la même façon, inscrire jusqu'au 24 juin.

Avis leur sera immédiatement donné de la décision prise de l'époque à laquelle les animaux devront être rendus aux écuries de l'exposition.

Il est sans doute inutile de rappeler que les frais de route, aller et retour, comme les frais pour la nourriture et les soins pendant la durée de l'exposition, sont à la charge de l'administration.

Avis du jury central.

Le ministre de l'agriculture et du commerce vient, sur la proposition du jury central de l'exposition de l'industrie, d'adopter les dispositions suivantes :

1° Les exposants ne pourront exposer que leurs produits, et non des objets fabriqués sur modèles, dessins, etc., et acquis seulement par ceux qui les vendent.

Les industriels producteurs seront seuls admis aux récompenses décernées par le gouvernement.

2° Aucun écriteau ne devra être exposé sur les les produits pour indiquer que ces objets ont été commandés ou achetés, soit par des maisons de commerce de détail, soit par des établissements publics.

3° Dans la galerie des tissus de couleur, des écriteaux feront connaître le nom du teinturier, lorsque cette partie du travail n'aura pas été exécutée dans l'établissement de l'exposant principal, et que le tissu sera admis comme œuvre des teinturiers.

4° L'exposant aura la faculté de montrer ou d'expliquer le jeu de ses mécanismes ou appareils ; mais chaque commission du jury central est chargée de prendre à ce sujet des mesures d'ordre qu'elle jugera convenables pour éviter les accidents, l'encombrement et les inconvéniens quelconques.

5° Il sera interdit d'afficher sur les produits la mention de médailles ou récompenses décernées par des sociétés savantes ou industriels, ainsi que d'étaler tout signe apparent qui serait relatif à ces récompenses ; les exposants pourront seulement mentionner celles qui auraient été accordées par le gouvernement dans les précédentes expositions, mais seulement après que la vérification en aura été opérée par l'inspecteur.

6° Il sera libre à tout exposant de rappeler les brevets d'invention qu'il aura pris, en indiquant l'objet spécial du brevet, sa date, sa durée, et en justifiant de ses justes titres, sur la demande de l'inspecteur ou des membres du jury. Il sera nécessaire d'ajouter, en outre, que les brevets sont délivrés sans garantie du gouvernement.

7° Les rappels de médailles qui seraient accordées sur le rapport du jury ne pourront remonter au delà de la précédente exposition. Ces rappels n'auront lieu que si l'établissement continue à exploiter la même industrie, et seront d'ailleurs facultatifs.

8° Les prix de vente affichés à l'exposition devront être véridiques, et l'exposant ne pourrait refuser d'exécuter sur commandes les mêmes objets et aux mêmes prix, sous peine d'être mis hors de concours.

9° Les faillis non réhabilités, auxquels la Bourse est interdite, ne participeront pas aux récompenses décernées.

10° Pour éviter que des récompenses accordées à un exposant pour un ensemble de produits divers ne soient attribuées à tel ou tel produit isolé qui n'en aurait pas été digne, chaque espèce de produit sera jugé séparément, et, dans le texte des rapports du jury central, un renvoi servira à passer d'un produit à un autre.

INTRODUCTION.

Nous devons d'abord à nos souscripteurs quelques explications relatives à la marche que nous sommes forcés de suivre dans notre rédaction.

Dans l'état actuel des choses, il est facile de reconnaître que nous ne sommes pas les maîtres de suivre une marche régulière et rationnelle.

Bien heureux quand nous pouvons réunir tous les éléments d'un chapitre, d'une section, et donner l'un ou l'autre complet à des lecteurs qui nous pressent et qui voudraient avoir au bout 15 jours un ouvrage exigeant au moins 6 mois de travail.

Si, comme en Angleterre, on appréciait la publicité, on voulait l'aider dans ses développements, dans ses applications, chacun des exposants aurait le soin d'avoir toute prête une notice indiquant les produits exposés, les avantages qu'ils présentent, l'importance de leur fabrication ; ils y joindraient, toutes les fois que cela serait nécessaire, soit un dessin, soit une lithographie des machines, des instruments exposés.

Ce petit travail serait d'autant plus facile qu'on le fournit presque toujours au jury des départements. Mais, dans leur intérêt, cela ne suffit pas. Ces documents restent enfouis pendant plusieurs mois dans les cartons. Le procès-verbal du jury ne paraît qu'un an ou 18 mois après la clôture de l'exposition, temps après lequel la curiosité et les souvenirs sont bien affaiblis ; tandis que dans l'intervalle, si les exposants savaient fournir à des hommes consciencieux les renseignements demandés, le public, les étrangers visiteurs pourraient avoir une description plus ou moins complète, mais toujours bien plus instructive que la lecture de ces notes insignifiantes qu'on trouve dans les cases des exposants.

La confection des livraisons pourrait marcher régulièrement et très vite, et ces ouvrages auraient un avantage assuré, celui de donner un grand nombre de gravures, et de conserver par conséquent les types d'une infinité d'inventions, d'instruments, de procédés. Ces types, ces modèles, ne tardent pas à se perdre, parce que, aurait-on comme dessinateur tous les anges du ciel à sa disposition, il est impossible, dans deux mois, de dessiner la centième partie des objets exposés. Ils sont enlevés, vendus ou démontés, et pour les retrouver il faudrait des miracles.

Par-ci par-là il y a des journaux qui en récoltent quelques uns à la hâte et dont ils ne garantiraient pas l'exactitude du dessin.

Les exposants ne peuvent pas même suppléer de vive voix à l'insuffisance des renseignements écrits ou imprimés, car un très grand nombre ne sont pas à leurs cases, et on voit les produits en aveugles ou en indifférents. Ne sait-on pas qu'il y a en industrie une infinité de choses que le praticien seul peut vous expliquer. Toute la théorie du monde ne peut y suppléer.

Si donc chaque exposant était pénétré de l'importance qu'il y a d'élever tous les cinq ans un monument impérissable à l'industrie, il ferait ce que nous venons d'indiquer. Quelques jours employés à faire une promenade dans les galeries suffiraient pour qu'un tel rédacteur eût en portefeuille les matières nécessaires pour dresser le programme de son ouvrage, chaque industriel aurait son article. tandis que, pour être consigné dans le procès-verbal du jury, il faut avoir une médaille ou une distinction.— Nous sommes convaincus que le jury applaudirait à une œuvre semblable, qui faciliterait la haute et difficile mission qu'il a à remplir, et pour laquelle on ne saurait l'entourer de trop de lumières.

Nous sommes à l'œuvre depuis 15 jours et nous n'avons pas encore une section complète. Nous commencerons par celle que nous parviendrons à compléter. La table des matières remettra enfin chacune de ces sections à sa place dans le cadre technologique que nous choisirons.

Les planches annoncées n'accompagneront pas toujours le texte, mais elles seront fournies dès qu'elles seront achevées.

Ce n'est pas sans motifs qu'en pareille circonstance on demande l'indulgence du public, car ce n'est pas une chose facile que d'explorer, dans le cours de deux mois, ou pour mieux dire six semaines à cause des premiers jours perdus, une localité où, dans 30 à 40 galeries différentes, sont placés des milliers d'objets, tous variables de leur nature, et qu'on ne peut voir qu'à travers une foule curieuse et presque toujours incommode.

Si, au milieu des difficultés que nous avons à vaincre, il nous arrivait de commettre quelque erreur, nous prions MM. les exposants de nous les signaler, et nous n'aurons rien de plus empressé que de les rectifier ou de compléter les articles.

N. 2. — 1849. (Mars-Avril.)

Prix : 6 fr. par an. (Paris et départ.). Etranger, 9 fr.

Bureaux de l'Administration, rue Laffitte, 52.

BULLETIN

OFFICIEL ET SPÉCIAL

DE LA SOCIÉTÉ MUTUELLE LA BIENFAITRICE

ÉTABLIE

CONTRE LES CHANCES DU TIRAGE AU SORT

POUR TOUTE LA FRANCE.

BUT. — Organisation des travaux. — Exposé des avantages qu'offre la Société. — Résultats obtenus.

PARTIE OFFICIELLE. — ACTES DE LA SOCIÉTÉ.

Divers faits relatifs à l'organisation de la Société.

§ 1er. *Voyage du directeur général.* Notre présence étant nécessaire dans diverses localités afin d'y organiser le service, nous n'avons pas hésité pour nous y rendre. — Nous avons recueilli beaucoup de demandes, et nous avons fait un choix. — Déjà 43 agents supérieurs sont nommés, et dirigent les opérations dans plus de 75 localités. Chacune d'elles, c'est-à-dire tous les chefs-lieux de préfecture et de sous-préfecture seront sous peu mis au complet, et s'il y a eu quelques retards, ils proviennent naturellement de deux causes : la première, des soins qu'il a fallu donner aux élections ; la seconde, de l'interruption survenue dans la discussion de la loi concernant l'organisation de la force publique.

Ces deux objets ont vivement préoccupé tous les esprits, et il a fallu céder aux exigences de la politique, qui se lie ici avec les intérêts du pays.

Ces premières démarches faites, on va s'occuper ensuite de celles qui doivent les compléter.

§ 2. *Etat des agents en fonctions.* — Nous le transcrivons dans ce Bulletin, pour lui donner un caractère officiel.

Agents.	Localités.
De la Bochonnière.	Avranches. Saint-Lo-Cherbourg. Coutances-Mortain. Valogne.
Peichardière.	Nérac.
Charry-Legay.	Beauvais.
Messerel de Verdun.	Bourges.
Gaudot.	Besançon,
Adam.	Briey.
Vaissière.	Sarlat.
Bouly.	Besançon.
Poly.	Mouchard.
Gœpfert.	Nanci.
Lafleur.	Metz.
Boutinot.	Dép. Loiret, Cher, Eure-et-Loir.
Hauteterre.	Eure, Calvados, Seine-Infér.
Gomien.	Arrondiss. de Château-Salins.
Lhomme.	Toul.
Chery.	Nanci.
Vienot.	Lons-le-Saulnier.
Beaupoil.	Arrond. de Châtillon-sur-Seine.
Canelle.	Pontarlier.
Magnieu.	Arrondissement de Beaune.
Pyot de Venet.	Dijon.
Lamotte (H.).	Arrondissement de Semur.
Florent (Jacques).	Dôle.
Javey (Claude).	Arr. de Beaumes-les-Dames.
Laverne-Faivre.	Montargis.
François.	Arrondissement de Thionville.
Marchal.	Pont-à-Mousson.
Simonet.	Auxerre.
Rivoire.	Canton de Givors.

Agents.	Localités.
Rolland.	Lyon.
Honarat.	Lyon.
Vallon-Dubrusset.	Vallée de l'Isère.
Augier.	Grenoble.
Latour.	Arrondissement de Bergerac.
Trouilhas.	Marseille
Johann.	Sarreguemines.
Gragnon.	Gironde.
Valette (L.).	Arrondissement de Vienne.
Chamoisy.	Arr. de Toulon et Brignolles.
Daudé.	Arrond. de Saint-Etienne.
Bonnaud.	Isère.
Perrichon.	Arrondiss. de Latour-du-Pin.
Berga.	Sarrebourg.

§ 3. *Rédaction du compte-rendu à la Société concernant sa situation morale et financière.* — Tous les éléments en sont reunis. — Le Directeur s'occupera de ce rapport, qui embrassera toutes les parties du service, l'examen des faits positifs et de ceux qu'il est sage de classer dans les éventuels. Les actionnaires seront convoqués; tout sera discuté au grand jour. — En attendant, le conseil de surveillance fonctionne moralement, et nous nous éclairons de ses lumières.

§ 4. *Sympathies acquises en faveur du système développé par notre programme et nos statuts.* — Notre correspondance, que nous pouvons mettre sous les yeux de nos actionnaires et de nos clients, est unanime sur ce point.

Les bienfaits de la *mutualité* appliquée à cet objet de notre économie politique sont incontestables et ne peuvent être contestés.

La propagande morale faite à ce sujet par les correspondants de la *Société polytechnique* nous a beaucoup secondé, et nous secondera encore plus lorsque nous serons tout à fait établis. — Cette Société est précisément composée d'anciens élèves de l'Ecole, qui comprennent parfaitement toutes les questions d'économie politique; ils sont d'ailleurs fort répandus dans tous les départements, dans l'armée, dans les grands établissements industriels, et y une position unique pour développer auprès des pères de famille les avantages de l'*association mutuelle*. Nous sommes heureux d'avoir un tel patronage, tout à fait indépendant, et qui n'est jamais accordé qu'aux choses honorables, qu'aux choses réellement utiles au pays.

Nous allons voir, dans la seconde partie de ce Bulletin, que le projet de loi proposé, et déjà discuté en partie par l'Assemblée nationale, nous est très favorable et ne dérange pas l'économie de notre système. Il est fâcheux seulement que la suspension de la discussion ralentisse nécessairement l'elan que nous avions pris. C'est une circonstance fortuite à laquelle il faut bien se soumettre.

Partie non officielle.

§ 1er. *Présentation du projet de loi relatif à l'organisation de la force publique.* — C'est dans la séance du 1er mai dernier qu'a eu lieu la discussion sur la section 4 de la loi, celle qui a trait directement à notre Société. Elle renferme l'art. 32. Le premier paragraphe est relatif à l'*exonération*, et le second à la *cotisation*. Ce sont deux choses parfaitement distinctes, et sur lesquelles l'Assemblée a voulu voter séparément.

Il est utile de rappeler à nos actionnaires cet article. Il est ainsi conçu : « Les jeunes gens inscrits sur les listes cantonnales pourront s'exonérer du service personnel, conformément au deuxième paragraphe de l'art. 102 de la Constitution (1), en versant avant la revision, entre les mains du percepteur des contributions, une somme fixée, dont le montant sera déterminé chaque année par la loi annuelle du contingent.

» Le paiement de cette somme sera indépendant de celui de la cotisation établie par l'article 34. »

Cet article 32 a été voté par 369 voix contre 179. — Ainsi, c'est sur le texte qu'il renferme qu'on peut asseoir les raisonnements qui font notre force morale.

Et puisqu'il faut payer une somme de.......... pour libérer le jeune homme qui tire, on apprécie de suite les avantages de notre système, qui permet d'amasser en mains sûres et par fractions annuelles ladite somme, qu'on retrouve avec

---

(1) Cet article dit : **Tout Français**, sauf les exceptions fixées par la loi, doit le service militaire et celui de la garde nationale. — La faculté pour chaque citoyen de se libérer du service militaire personnel sera réglée par la loi de recrutement.

bonheur lorsqu'il s'agit de dispenser du service les êtres bien-aimés qu'on veut garder auprès de soi ou conserver dans une carrière choisie.

§ 2. *Art.* 34. *Paiement de la cotisation.* — Cet article n'a pas été voté, et tout porte à croire, d'après l'accueil défavorable qu'on lui a fait, qu'il ne le sera pas. Le principe a déjà été attaqué par M. Goudchaux, avec des arguments qui ont paru impressionner l'Assemblée. Il sera donc très contesté, parce que c'est là le point délicat de la loi, point par lequel elle touche, non seulement à l'organisation de l'armée, mais encore à ces questions brûlantes de l'impôt qu'on ne peut aborder sans en ébranler toute l'économie.

La cotisation, étant toute personnelle et établie en raison des contributions directes payées pour chaque famille, constituerait en réalité un impôt progressif, et ce sera une des premières causes de son rejet. Voilà donc la situation morale de la loi. — Elle a déjà fait à notre Société une bonne position, une position rationnelle, et elle ne peut compromettre son avenir..... Espérons que l'Assemblée mettra bientôt cet objet à l'ordre du jour, et si elle se séparait sans voter la loi dans son entier, tout esprit sage devra admettre que l'Assemblée législative adoptera les principes déjà posés, et rejettera le paiement de cotisation comme inutile et impopulaire.

Nous espérons donc que ce retard n'empêchera pas notre Société de marcher toujours vers le but indiqué, c'est-à-dire vers son organisation définitive. Elle a un principe de vie que conserveront toujours les pères de famille, intéressés à faire facilement et sûrement des assurances à des prix modérés.

Imprimerie de GUIRAUDET et JOUAUST, rue Saint-Honoré, 315.

www.ingramcontent.com/pod-product-compliance
Lightning Source LLC
LaVergne TN
LVHW010310230826
846091LV00007B/3087

* 9 7 8 2 0 1 3 6 0 5 4 2 7 *